<u>Table</u>

Prologue

Le nouveau président de la République veut imprimer sa marque sur le domaine hautement sensible du renseignement, cet outil majeur pour combattre le djihadisme. Pour ce faire, il est discrètement conseillé par Jean-Claude Cousseran, l'ancien patron de la DGSE entre 2000 et 2002 (sous la cohabitation Jospin-Chirac), mais Emmanuel Macron a aussi gardé en mémoire les leçons de son défunt ami Michel Rocard qui avait engagé, à Matignon, une série de réformes du renseignement, après le scandale international du *Rainbow Warrior*.

La présidence de la République a annoncé la création d'une «*Coordination nationale du renseignement et de la lutte contre le terrorisme*» avec, en son sein, un nouveau centre national de contre-terrorisme. Durant la campagne, Emmanuel Macron avait promis l'installation d'une « task force anti-Daech » à l'Élysée.

Avec cette nouvelle « instance placée sous son autorité », le chef de l'État tente en réalité de poser les jalons d'un conseil de sécurité nationale. Dès 1989, cette idée avait été proposée par Michel Rocard et reprise dans un article de la *Revue Défense Nationale* en 2007, cosigné par le criminologue Alain Bauer. Serpent de mer depuis trente ans de la réflexion sur ces sujets, ce projet avait semblé trouvé un début de commencement avec Nicolas Sarkozy, avec la création, en 2008, du Coordonnateur national du renseignement (CNR).

Macron envisage aussi la création de centres d'accueil fermés pour les djihadistes français partis combattre dans les rangs de Daech. Ce qui ressemble à un centre d'incarcération qui devrait se coupler à un centre de déradicalisation ne semble pas plus pertinent. Pour la plupart des attentats, ce sont des ressortissants français qui sont passés à l'acte sans pour autant être passés par l'État islamique.

Selon Jean-Pierre Pochon, ancien directeur des renseignements français, *«les attentats qui sont commis, ils ne le sont pas par des extraterrestres, ils ne sont pas commis par des gens qui viennent toujours de l'extérieur »*. Outre ce fait indéniable, on peut se questionner sur l'impact de tels centres. Les prisons pour «terroristes» états-uniens sont le principal vecteur de radicalisation.

DGSE

La Direction Générale de la Sécurité Extérieure (DGSE), le plus important service de la communauté française du renseignement, est chargée de *"la protection des intérêts français"* mais elle agit exclusivement à l'extérieur des frontières. Dotée d'un budget de 800 millions d'euros (hors fonds spéciaux), elle compte 6.500 hommes et femmes, dont son Service Action (opérations clandestines) et est placée sous la tutelle du ministère de la Défense.

Le Directeur général de la sécurité extérieure bénéficie de *«l'oreille»* du chef de l'Etat qu'il va voir au moins une fois par semaine. C'est généralement un diplomate ou un préfet.

Bernard Emié

Diplômé de Sciences Po Paris et de l'École nationale d'administration (promotion Solidarité en 1983), le goût de l'international lui vient pendant son service militaire. Alors que la plupart des énarques lorgnent la prestigieuse inspection générale des Finances, Bernard Emié choisit les Affaires Étrangères.

Il intègre la direction Asie-Océanie du ministère du Quai d'Orsay. Ses premières années dans la diplomatie sont ponctuées par un passage à l'ambassade de France en Inde comme premier secrétaire, au moment de l'assassinat de Indira Gandhi, Première ministre indienne. Le jeune énarque passe ensuite par l'ambassade de France aux États-Unis, comme premier secrétaire et deuxième conseiller, entre 1988 et 1992. Là, il croise la route d'un certain Dominique de Villepin, alors directeur du service de presse et d'information de l'ambassade

Dix ans après sa sortie de l'ENA, en avril 1993, il rejoint le cabinet d'Alain Juppé, tout juste nommé ministre des Affaires étrangères. Conseiller des affaires étrangères, en charge des crises régionales, il travaille aux côtés de Xavier Driencourt (qui occupera des années plus tard le poste d'ambassadeur de France en Algérie).

Le directeur de cabinet de Juppé n'est autre que Dominique de Villepin. Quand Chirac est élu président de la République deux ans plus tard, Emié rejoint la cellule diplomatique de l'Élysée aux côtés de Jean-David Levitte qui deviendra, quelques années après, le conseiller diplomatique de Nicolas Sarkozy. Ce qui lui vaut une étiquette plutôt de droite et de solides réseaux, en politique comme dans le secteur privé.

En 1998, Emié n'a que 39 ans. Le Président de la République lui remet les clés de l'ambassade de France en Jordanie. Une pièce clé au Moyen-Orient. Il succède alors à un certain Bernard Bajolet, qui prendra la tête de la DGSE quinze ans plus tard.

En février 1999, le roi Hussein décède après un règne de 46 ans. Sa mort laisse craindre une déstabilisation régionale dans un contexte déjà tendu. Les obsèques du souverain hachémite réunissent le monde entier. À l'époque, le jeune ambassadeur Emié, comme beaucoup d'autres à l'époque, parie sur Hassan, le frère du roi, pour lui succéder. Hassan est destitué au profit du fils de Hussein, Abdallah.

Quatre ans plus tard, en 2002, Jacques Chirac est réélu et rappelle Emié à Paris. Il se voit confier un poste décisif: celui de directeur du département Afrique du Nord et Moyen-Orient au sein de l'administration centrale. C'est un service qu'il connaît. Entre 1992 et 1993, il a déjà occupé le poste de sous-directeur, juste après la victoire du Front islamique du salut aux élections législatives en Algérie. Il revient en pleine crise irakienne, au moment où la France s'oppose, par la voix de Dominique de Villepin, à la guerre en Irak. Bernard Emié participe à l'élaboration du fameux discours prononcé à l'ONU, moment fort de la politique étrangère française.

En 2004, pendant qu'un certain Bernard Bajolet -déjà croisé à Amman et désormais ambassadeur de France à Bagdad - négocie la libération des journalistes Georges Malbrunot et Christian Chesnot à Bagdad avec des membres de la DGSE, Bernard Emié co-pilote la cellule de coordination avec Jean-Michel Casa, l'ambassadeur de France en Jordanie. Les deux reporters français seront finalement libérés le 24 décembre 2004, après 124 jours de détention.

Fin 2004, Chirac le nomme ambassadeur de France au Liban. Il s'agit d'une place stratégique pour la France car le premier ministre Rafic Hariri joue un rôle très important dans la diplomatie du Président. Elle est aussi affective pour Chirac. Nul n'ignore que le Premier ministre libanais est un grand ami personnel du Président et ce, depuis leur rencontre à Washington au début des années 1980.

Hariri conseille en permanence Chirac, rappelle Malbrunot et Chesnot dans leur livre «*Les chemins de Damas. Le dossier noir de la relation franco-syrienne*», sorti en 2014. Chirac se nourrit du sunnisme politique de son ami. Il se dit d'ailleurs que les instructions données à l'ambassadeur de France à Beyrouth émanent de l'opinion d'Hariri.

Cette nomination n'a évidemment rien d'hasardeux. Quelques semaines plus tôt, le 2 septembre 2004, la résolution 1559 a été adoptée par le Conseil de sécurité de l'ONU. Elle exige le départ des forces étrangères (en l'occurence des soldats syriens présents depuis 1975) du Liban. L'ambassadeur fait partie des architectes de ce projet avec une poignée de diplomates fidèles à Chirac. À Beyrouth, il sera un interlocuteur privilégié du camp Hariri.

Mais deux mois après son arrivée, en février 2005, l'assassinat de Hariri provoque un séisme. Si les antagonismes avec le syrien

Bachar el-Assad sont déjà nombreux du côté de Chirac, cet assassinat est le point de rupture. Emié est omniprésent. Il est même très proche des instigateurs du «14 mars», dit-on. Cette révolution mettra finalement fin à 30 ans d'occupation militaire syrienne en avril 2005. Le camp anti-syrien remporte les élections.

L'élection présidentielle de 2007 ouvre une autre page. Celle des règlements de comptes personnels. Nicolas Sarkozy n'a manifestement pas très envie de conserver les fidèles de Chirac et de De Villepin à des postes stratégiques.

Au Liban, le nouveau locataire de l'Élysée nomme un proche, André Parant. Emié est expédié à Ankara dans un contexte où le nouveau Président clame haut et fort son refus d'une intégration de la Turquie au sein de l'Union européenne, alors que son prédécesseur y était plutôt favorable.

Après quatre ans en Turquie, en avril 2011, Emié devient ambassadeur de France à Londres. À Londres, il succède à un certain Maurice Gourdault-Montagne qui faisait partie de «l'équipe 1559» quelques années plus tôt.

François Hollande multiplie les gestes en direction de Chirac. Si Sarkozy avait opté pour la case exil pour éloigner les pions chiraquiens, le tout nouveau locataire de l'Élysée le maintient en poste à Londres en 2012, puis à Alger en 2014, un poste prestigieux - mais surtout important car considéré comme l'antichambre du renseignement français.

Officiellement tout va bien. Mais son passage à Alger est marqué par quelques couacs. Ses relations avec les officiels algériens sont difficiles. Ses rencontres avec les ministres du gouvernement Sellal sont rares, et l'ambassadeur n'a pas vraiment d'interlocuteurs. Quant aux dossiers de coopération économique – à l'instar de l'usine de montage Peugeot- ils n'avancent pas.

Pendant la présidence Hollande, les délégations officielles vont néanmoins se succéder à Alger, sans qu'elles n'aient d'ailleurs un impact considérable. Protocole oblige : l'ambassadeur Emié est présent à chaque audience accordée par le président Bouteflika à Laurent Fabius, Jean-Yves Le Drian, ou encore Manuel Valls. C'est sans doute l'ambassadeur qui a le plus vu le chef de l'État algérien ces dernières années. Bien que la santé du Président soit un secret de Polichinelle, Emié répond toujours la même chose aux journalistes qui l'interrogent : le Président dispose de toutes ses facultés intellectuelles.

Mais derrière la vitrine policée de la diplomatie, l'ambassade d'Alger est surtout le symbole d'une diplomatie secrète, qui travaille en étroite collaboration avec ses agents sur place. Le prédécesseur d'Emié à la tête du grand service de renseignement, Bernard Bajolet, est lui-même passé par Alger. C'est d'ailleurs le même Bernard Bajolet contraint de quitter son siège – il a atteint l'âge limite pour diriger la DGSE- qui va souffler le nom d'Emié à l'oreille de son ami François Hollande. Un autre diplomate est dans la course : le sarkozyste André Parant, ambassadeur de France en Égypte.

Élu président, Emmanuel Macron, hérite de la lourde tâche de constituer une nouvelle équipe au sein du renseignement. Il tranche en faveur de l'ambassadeur de France en Algérie.Dans cette affaire, il ne faut d'ailleurs pas exclure qu'un autre grand diplomate, Dominique de Villepin -qui ne cache pas sa proximité intellectuelle avec Emmanuel Macron- ait pu lui aussi glisser le nom de son ancien collaborateur.

Algérie

Si la coopération avec les services algériens est plutôt du ressort de la DGSI, à Alger, cette nomination engendre aussi des interrogations sur l'évolution des relations, souvent déjà tendues, entre les services de renseignement des deux pays.

Le Service de renseignement extérieur de la France, suscite toujours un vif débat à Alger. Si certaines sources sécuritaires affirment qu'elle a été bien accueillie en Algérie, d'autres sources rapportent que cette nouvelle provoque un véritable malaise au sommet de l'Etat algérien.

Officieusement, au niveau du Département de Surveillance et de Sécurité – DSS – dirigé par le général Bachir Tartag, qui préfère selon nos informations travailler avec des militaires, voit l'arrivée de ce diplomate chevronné d'un bon œil.

Lors de son passage à Alger, il a assisté à la mise à l'écart du général Taoufik Mediène et à son remplacement par le général Tartag. Il est également au fait de toutes les subtilités des luttes internes au pouvoir algérien, et a su se maintenir à distance des différents clans. Un atout majeur pour celui qui devient le «bras armé» de la diplomatie résolument offensive d'Emmanuel Macron.

Cependant, dans les cercles proches du ministère de la Défense nationale, Bernard Emié inspire la méfiance. Le chef de l'Etat-major Ahmed Gaid Sahal et Bernard Emié ne s'appréciaient guère. Et le diplomate français n'avait pas cessé de qualifier, dans ses rapports confidentiels remis à l'Elysée, le chef de l'ANP comme l'une des figures du courant "anti-français" à Alger.

Pendant trois années, Bernerd Emié a engrangé une précieuse expérience à Alger. Il a disposé du temps nécessaire pour tisser ses réseaux et comprendre le fonctionnement des dirigeants algériens. Il connait les points faibles et les qualités redoutables de ses homologues algériens. Et c'est un atout qui va beaucoup peser lorsqu'il va négocier avec les Algeriens les délicats dossiers de la sécurité en Libye, au Sahel et les échanges de renseignements dans la lutte contre le terrorisme.

Kabylie

Il est à noter que Bernard Emié a fait polémique en Algérie lors d'une sortie médiatique, en mai 2016, où il avait annoncé que «60 % des visas délivrés par l'ambassade française vont aux habitants de la Kabylie». En effet, le ministre algérien des Affaires étrangères, Ramtane Lamamra, a estimé que c'était des «propos qui divisent». Le Président du groupe parlementaire du FFS à l'époque, s'est quant à lui, posé la question : «*Ces propos ne rentrent-ils pas dans la stratégie de la séparation de la Kabylie de l'Algérie?*». Une polémique qui a forcément servi à faire prendre conscience de la fracture béante entre l'Algérie et la Kabylie au nouvel homme fort des services secrets français.

Gouvernement provisoire kabyle

L'activisme de Ferhat Mehenni ne date pas d'hier. En avril 1980, il fut l'un des artisans du Printemps berbère de Tizi Ouzou, ce qui lui vaut d'être une première fois arrêté. Cinq ans plus tard, il est à nouveau emprisonné pour son appartenance à la ligue algérienne des droits de l'homme, puis relâché, en 1987, à la faveur d'une grâce présidentielle prononcée par Chadli Bendjedid. Et c'est en lançant le Mouvement culturel berbère (MCB) dans les années 90, qu'il parviendra à faire reconnaître la langue Tamazight.

Fondé par le chanteur engagé Ferhat Mehenni, 61 ans, le MAK est depuis longtemps accusé d'entretenir des relations avec des organisations sionistes, ce qu'il a toujours démenti, notamment en mai 2009, quand le quotidien algérien quotidien Ennahar, a révélé qu'il s'est réuni à l'ambassade d'Israël à Paris, avec des agents du Mossad et des services secrets américains.

L'activisme débordant de Ferhat Mehenni s'est traduit le 1 juin 2010 par la création, à Paris, de l'Anavad, ou « Gouvernement provisoire kabyle en exil (GPK)», dont il s'est fait élire président. En Kabylie, le MAK est dirigé par Bouaziz Aït-Chebib, 39 ans, licencié en sciences politiques, ancien militant du Mouvement culturel berbère (MCB) et du Rassemblement pour la Culture et la Démocratie (RCD).

Mehenni, sous le coup d'un mandat d'arrêt en Algérie - dont il affirme ne pas connaître le motif – demeure président statutaire du MAK. Il ne faut pas être grand clerc pour penser que le «régime arabo-islamique d'Alger», comme disent les berbéristes, l'accuse d'atteinte à la sûreté de l'Etat. En effet, otre ses relations avec des services secrets étrangers, le GPK est accusé d'être financé par le Maroc. C'est du moins ce qu'affirme Idir Djouder, son ancien « ministre de Finances» .

Depuis son installation en France, Mehenni se découvre de plus en plus. En avril 2011, il est allé aux Etats-Unis chercher un appui diplomatique. Le programme de ses rencontres était organisé, a-t-on dit, par des membres de l'AIPAC, le lobby pro-israélien américain. Au menu : un discours devant l'instance permanente des peuples autochtones de l'ONU, des entretiens avec la co-présidente du Caucus antiterroriste de la Chambre des représentants, le Président de la Commission du renseignement pour le Moyen-Orient au Congrès, et des dirigeants des think tanks comme la Heritage Foundation et l'Institute of World Politics. Des rencontres étaient également prévues au Pentagone et au Conseil national de sécurité, mais selon la chaîne Fox News, ces deux dernières demandes seraient restées sans réponse.

En février 2012, le GPK est allé plus loin. Dans une lettre ouverte à Hillary Clinton, venue à Alger suivre les préparatifs des législatives de mai, il a demandé à la Secrétaire d'Etat «de bien vouloir porter la revendication légitime de la Kabylie au sein du Conseil de Sécurité de l'ONU», décrivant la région comme «un pays annexé à l'Algérie par la France coloniale… un pays qui a existé bien avant l'Algérie» et assimilant l'armée algérienne à une armée d'occupation.

Ferhat Mehenni, dont les tentatives de couper la Kabylie du reste de l'Algérie sont vouées à l'échec, était allé chercher en Israël un soutien que lui avaient certainement suggéré les services secrets marocains, lesquels voient en lui le «pion» dont les idées séparatistes pourraient amener l'Algérie à réviser sa position sur l'affaire du Sahara Occidental.

Traînant déjà de lourds soupçons de connexion avec des officines de pays étrangers, depuis la création du MAK, puis du GPK (*gouvernement provisoire kabyle*), Ferhat Mehenni enchaînait des sorties publiques à travers lesquelles il affichait clairement sa proximité avec le lobby sioniste en France, et en prenant des positions favorables à la politique d'Israël dans la région. Sa visite à Tel-Aviv, en mai 2012, a été le couronnement logique d'un enrôlement, plus qu'un acte de provocation.

Il a passé quatre jours à Tel-Aviv et à Jérusalem, accompagné par Lyazid Abid, son «ministre des Affaires étrangères». Il s'y est entretenu avec des sionistes purs et durs, voir pire : Danny Danon, vice-président de la Knesset, Uzi Landau, ministre de l'Energie et de l'Eau, et des membres de la division Afrique du Nord du ministère des Affaires étrangères. A côté de Danon, également président du Likoud mondial, Benyamin Netanyaou fait figure de mou.

Landau, ancien ministre de la Sécurité intérieure d'Ariel Sharon en 2001 - qui a rejoint en 2008 le parti ultra raciste Yisrael Beiteinu d'Avigdor Lieberman – est du même acabit. Le choix de ces personnalités pour rencontrer Mehenni ne doit rien au hasard, l'organisateur du voyage étant Jacques Kupfer, ancien chef de la section française du Betar, milice armée sioniste d'extrême droite.

Dans une interview accordée au quotidien israélien Jerusalem Post, il a déclaré sa totale allégeance à Israël. «*Les Kabyles ont toujours eu un peu de sympathie pour Israël*», a-t-il affirmé. «*Cette sympathie, argumente-t-il, s'est matérialisée par le soutien de la Kabylie à l'Etat israélien.*» L'ancien chanteur atteste que «*pendant la guerre de 1967, la Kabylie a applaudi la défaite des Arabes*».

Il déclare que «lui et son peuple» continueront à poursuivre une «*défiance vis-à-vis de la loi algérienne qui veut qu'Israël soit boycotté*» et souligne qu'il «*espère que les relations entre la Kabylie et Israël puissent être intensifiées*». Dans une déclaration à la presse, le gourou du MAK dit ne pas regretter son action et qu'il n'hésiterait pas à retourner à Tel-Aviv «*s'il le faut*».

Il justifie cette visite par sa volonté d'élargir son cercle de «soutiens» dans le monde. «*Je n'ai jamais pris de contacts avec le Mossad. Mon voyage en Israël s'inscrit dans le cadre de relations d'Etat à Etat. Le Gouvernement Provisoire Kabyle est fondé à plaider en faveur de l'avènement d'un Etat kabyle auprès de tous les pays du monde. La Kabylie et le peuple kabyle ont besoin de se prendre en main pour ne plus vivre sous la botte et la dictature de généraux algériens suspicieux et anti-kabyles.*»

Dans une interview, Ferhat Mehenni declarait: «*La Kabylie ne se sent pas partie intégrante du monde arabo-musulman. Elle s'y refuse au nom de son identité et de ses valeurs. Un intellectuel vient de donner sur un site internet la conclusion de cette visite, et selon laquelle "la Kabylie n'est pas prête à rendre les armes". Disons qu'elle n'acceptera jamais d'être soumise. La Kabylie, à travers ce geste, réaffirme sa propre souveraineté sur elle-même. Nous préférons cultiver l'amitié entre les peuples à la place de la haine que l'on prête, à tort ou à raison, à cette nébuleuse arabo-musulmane.»*

Sur son visite en Israel, il declare que « *Notre objectif était une simple prise de contact. Israël a son siège à l'ONU, contrairement à la Kabylie du fait d'une injustice historique qu'elle cherche aujourd'hui à réparer. Nous voulons nouer des relations d'amitié entre nos deux peuples, kabyle et Israélien. Nous cherchons aussi des soutiens politiques et diplomatiques en mesure d'inscrire la question kabyle à l'ordre du jour de l'ONU. Nous avons rencontré le Vice Président de la Knesset M. Danny Danon, des responsables au ministère des Affaires Etrangères chargés des dossiers nord-africains, et au niveau ministériel par le Ministre des Infrastructures, M. Uzi Landau. Nous attendons de cette visite une meilleure connaissance de la Kabylie de la part de nos partenaires israéliens et le développement de notre coopération culturelle et politique entre nos deux gouvernements et nos deux peuples.* »

Ferhat Mehenni est revenu de Tel-Aviv gonflé à bloc, avec la conviction « qu'Israël adoptera la Kabylie comme sa sœur». Il ne cache plus qu'en réclamant un référendum d'autodétermination sous l'égide de l'ONU, c'est à la création d'un Etat amazigh pro-occidental qu'il pense. En Algérie, les organisations berbères ne vont pas jusque là et sont loin de cautionner ses liaisons dangereuses.

Sur le radio «Voix d'Israël», des experts militaires israéliens invités à une émission ont prétendus que les revendications du mouvement pour l'autonomie de la Kabylie, dirigé par Ferhat Mehenni, était légales et devraient être soulevés aux institutions internationales y compris les Nations Unies afin qu'elles soient introduites dans l'ordre du jour du Conseil Général, à l'instar de ce que fait l'Algérie qui soutient le Front Polisario et les mouvements de libération en Palestine. Plus grave encore, lorsque Ben Gourion Taghine, le chargé d'information du Chebek (Juifs algériens), a demandé de soulever la question du droit au retour d'Israël.

De son côté, le directeur de l'institut des études Hébreux, à Tel Aviv, a déclaré que l'ambassade israélienne a reçue Ferhat Mehenni qui s'est réuni avec le conseiller politique à Paris afin d'étudier le projet de l'autonomie, en présence du Mossad et des services de renseignements américains.

Sous le coup d'un mandat d'arrêt des autorités algériennes, Ferhat Mehenni vit aujourd'hui en exil, d'où il ne cesse de dénoncer l'oppression du pouvoir algérien contre la minorité kabyle, comme il l'a fait à l'ONU, le 26 mai 2009, devant l'instance permanente des peuples autochtones. À Paris, un an plus tard, il proclamait un « Gouvernement provisoire kabyle », l'Anavad, qu'il préside grâce à l'appui de jeunes élites de la diaspora kabyle en Europe et en Amérique du Nord

paix en Palestine, et vérifier si ceux-ci l'étaient effectivement. Il est aussi arrivé à la jeune Marocaine, assistée de certaines de ses consoeurs d'Europe Centrale, d'Asie ou d'Afrique de l'Ouest, de collaborer avec la CIA dans le cadre d'opérations communes. Ou avec d'autres services secrets de pays amis d'Israël ou n'ayant pas de contacts normalisés avec l'Etat hébreu. Nabila travaillera-t-elle un jour avec la division des opérations spéciales du Mossad, connue sous le nom Action, l'unité chargée des éliminations physiques de cibles sensibles, des opérations paramilitaires et de sabotage? Certains services secrets soupçonnent en tout cas ce petit bout de femme d'avoir fait partie, alors qu'elle officiait aux Emirats Arabes Unis, du même groupe d'agents turcs et saoudiens, auteurs présumés du meurtre et de la mutilation, le 24 septembre 1980, du journaliste libanais pro-indépendantiste (de la revue Al Hawadess)et anti-syrien, Salim el Laouzi.

Nabila n'est pas dupe. Elle sait qu'elle risque sa vie avec ce métier de l'ombre dont elle a peur de ne plus pouvoir se passer. Et que ses recruteurs ne viendront pas à sa rescousse si elle tombe dans les filets de leurs ennemis. Mata Hari n'a-t-elle pas été fusillée par la France en 1917, cette nation même pour laquelle elle se disait espionne? Et, le 18 mai 1965, Kamil Amin Tabet, l'agent israélien

Elie Cohen, n'a-t-il pas été pendu sur la place publique à Damas? Et que dire des ratés de plus en plus fréquents du Mossad, sachant que, à titre d'exemple, pour la seule année 1996, les Egyptiens ont démantelé 7 réseaux d'espionnage israéliens… contre 20 pour les 15 années précédentes? Jusqu'où Nabila et ses collègues seraient-elles prêtes à aller?

Une chose est sûre: fichées par Interpol et de nombreux services secrets à travers le monde, Nabila F. et sa douzaine de collaboratrices, se sont aujourd'hui, évaporées dans la nature. Envolées vers d'autres cieux, repenties ou… en quête d'autres proies?

Israel

Dans un livre paru aux Etats-Unis, et intitulé «Périphérie: Israël à la recherche d'alliés au Moyen-Orient », l'ancien officier des services secrets israéliens, Yossi Alpher, a révélé que le Mossad a bien noué des relations avec des berbéristes d'Algérie et du Maroc, afin de maintenir ces pays sous pression.

En effet, Yossi Alpher a révélé dans son livre intitulé 'Periphery: Israel's Search for Middle East Allies', paru début 2015, aux éditions 'Hardcover Books' aux USA, qu'Israël avait depuis les années 60, mis au point une stratégie dite la 'Doctrine des périphéries', avec pour objectifs à long terme son dés-endiguement géopolitique.

 Consciente qu'elle n'est entourée que par des pays arabes qui lui sont hostiles, Israël, indique l'ancien officier du Mossad, avait opté pour le développement de ses relations avec des pays ceinturant le Moyen-Orient, comme le Maroc, la Grèce, la Turquie et l'Iran du Chah. Un autre volet de cette stratégie, concernait des groupes ethniques et confessionnels vivant au sein des pays arabes.

Selon Yossi Alpher, Tel-Aviv avait travaillé à nouer alliances chez les mouvements amazighistes en Afrique du Nord (Maroc et Algérie), afin de maintenir ses pays sous pressions. De même fut avec les maronites aux Liban, les Kurdes en Irak et les sud-soudanais qui avaient finis par se séparer du Soudan.

Dans son livre, Yossi Alpher a consacré un chapitre entier au Maroc. Il a considéré le royaume comme un pays clé dans cette stratégie israélienne des périphéries.

L'ancien espion israélien a expliqué ainsi que très tôt, Israël aurait tout fait pour gagner la confiance du Maroc et gagner par la même sa collaboration, notamment en matière de renseignement. Cette relation, indique-t-il, aurait été particulièrement facilitée par la communauté des maroco-israéliens qui compte parmi les plus nombreuses en Israël. Le Maroc, conclut Yossi Alpher, a permis à Israël, de mieux comprendre "ce qui était en dynamique au sein du monde arabe".

Yossi Alpher avait en mars dernier, été l'invité du 'Belfer Center for Science and International Affairs', un centre de recherche, relevant de la 'John F. Kennedy School of Government' de l'université de Harvard . Il y a donné présentation de son livre dont suivant, l'enregistrement audio

Un travail qui entre dans le cadre de sa stratégie dite la «doctrine des périphéries», avec pour objectif à long terme le «dés-endiguement géopolitique» de l'Etat hébreu. L'officier israélien confirme par-là les relations entre le porte-voix du «Mouvement pour l'autonomie de la Kabylie», Ferhat Mehenni, avec les services de renseignement israélien.

DGSI

La Direction générale de la sécurité intérieure (DGSI), qui dépend du ministère de l'Intérieur, est née en 2014 de la DCRI, elle-même issue de la fusion en 2008 de la Direction de la sécurité du territoire (DST) et des Renseignements généraux (RG).

Elle est chargée *"de rechercher, de centraliser et d'exploiter le renseignement intéressant la sécurité nationale ou les intérêts fondamentaux de la Nation"*, avec pour priorité actuelle, la lutte antiterroriste sur le territoire français. Elle remplit également des missions de police judiciaire. Elle compte près de 4000 hommes et femmes.

Patrick Calvar (*Assemblée Nationale, Mai 2016*)

«L'Europe est en grand danger: les extrémismes montent partout et nous sommes, nous, services intérieurs, en train de déplacer des ressources pour nous intéresser à l'ultra-droite qui n'attend que la confrontation. Vous rappeliez que je tenais toujours un langage direct ; eh bien, cette confrontation, je pense qu'elle va avoir lieu. Encore un ou deux attentats et elle adviendra. Il nous appartient donc d'anticiper et de bloquer tous ces groupes qui voudraient, à un moment ou à un autre, déclencher des affrontements intercommunautaires.

La tentation des populismes, la fermeture des frontières, l'incapacité de l'Europe à donner une réponse commune, l'incapacité à adopter une législation applicable en tous lieux, nous posent d'énormes problèmes. Et je note, de plus en plus, une tendance au repli sur soi.

Avant d'en venir à l'état de la menace, je souhaite me faire le porte-parole des personnels que je dirige pour souligner qu'à chaque fois que se produit un attentat sur notre territoire, ils le vivent comme un échec alors que leur mission est d'empêcher qu'il ne soit commis. En revanche, certaines critiques non fondées leur font particulièrement mal – d'autant que l'engagement du service est particulièrement fort.

J'en viens à l'état de la menace. La France est aujourd'hui, clairement, le pays le plus menacé. Je vous rappelle qu'un des numéros de la revue francophone de Daech, Dar al Islam, titrait en une: «Qu'Allah maudisse la France». De leur côté, Al-Qaïda au Maghreb islamique (AQMI), en tant qu'organisation héritière du Groupe islamique armé (GIA) des années 1990, considère toujours la France comme l'ennemi numéro un et Al-Qaïda dans la péninsule arabique (AQPA) nous stigmatise de la même façon.

La menace est par conséquent, j'insiste, très forte ainsi que l'ont montré les attentats de janvier et de novembre 2015. Elle est très forte également hors du pays ainsi que nous avons pu le constater avec les attentats de Bamako, de Ouagadougou et, plus récemment, de Bassam, en Côte d'Ivoire.

J'évoquerai uniquement ici la menace intérieure même si, du fait de notre compétence judiciaire, nous sommes systématiquement saisis de toutes les actions terroristes commises à l'étranger dès lors qu'un ressortissant français en est victime. À ce titre nous sommes saisis des attentats perpétrés à Tunis, Bamako, Ouagadougou et Bassam.

Qui nous menace? D'abord les organisations, au premier rang desquelles Daech. L'autopsie des attaques du 13 novembre révèle qu'elles ont été planifiées en Syrie, menées par des individus qui combattaient dans ce pays, pour certains depuis de nombreuses années et donc totalement aguerris. D'autres y ont été entraînés. Elles ont été le fait d'un mélange de ressortissants français – soit partis de notre territoire, soit résidant à l'étranger, notamment en Belgique –, mais aussi belges et irakiens. Ils ont bénéficié d'une logistique particulièrement importante – passeurs, faussaires établis en particulier en Turquie –, et d'un accueil, d'un hébergement en Belgique, là où ils auraient pu se procurer les armes et les explosifs utilisés sur notre sol.

Je tiens à souligner le fait qu'il n'y avait aucune cellule logistique sur notre territoire, comme l'a notamment montré la fuite d'Abaaoud, qui n'a trouvé refuge qu'en appelant sa cousine à son secours – les travers de celle-ci la menant à sa perte.

Les routes utilisées ont été variées et nous en ignorons encore certaines – notamment pour ce qui concerne Abaaoud ou les ressortissants européens. En revanche nous savons que la filière des migrants a été utilisée et qu'au moins deux membres du commando sont ainsi entrés en Europe par l'île de Leros. Ils sont arrivés sur notre territoire la veille des attaques. Les véhicules ont été loués en Belgique et les appartements depuis la Belgique.

Le délai entre leur arrivée et les frappes a donc été très court. Quant à la volonté de mourir, elle était parfaitement exprimée, comme on a pu le constater, à l'exception de Salah Abdeslam qui a pu s'échapper et d'Abaaoud qui, lui, était vraisemblablement prévu pour accomplir d'autres actions.

Nous savons que Daech planifie de nouvelles attaques – en utilisant des combattants sur zone, en empruntant les mêmes routes qui facilitent l'accès à notre territoire – et que la France est clairement visée. Daech se trouve dans une situation qui l'amènera à essayer de frapper le plus rapidement possible et le plus fort possible: l'organisation rencontre des difficultés militaires sur le terrain et va donc vouloir faire diversion et se venger des frappes de la coalition.

Si les attentats de novembre dernier ont été perpétrés par des kamikazes et par des gens armés de kalachnikov ayant pour but de faire le maximum de victimes, nous risquons d'être confrontés à une nouvelle forme d'attaque: une campagne terroriste caractérisée par le dépôt d'engins explosifs dans des lieux où est rassemblée une foule importante, ce type d'action étant multiplié pour créer un climat de panique.

La problématique pour eux est double : il leur faut des artificiers de haut niveau et il faut qu'ils puissent constituer en France des cellules leur permettant de bénéficier de la logistique nécessaire – accueil, armes… Or l'un des problèmes pour nous est précisément leur capacité à se procurer des armes. Un des domaines où l'Europe continentale devrait considérablement progresser est la répression du trafic d'armes.

À la suite d'une fusillade survenue dans une école de Dunblane, en Écosse, les Britanniques ont adopté une législation des plus rigoureuses prévoyant des peines très sévères, dissuasives au point qu'il est pratiquement impossible, aujourd'hui, de se procurer des armes à feu au Royaume-Uni.

Daech dispose d'individus capables de passer à l'action. Les chiffres que je vais vous donner sont les nôtres et ne reflètent pas nécessairement la réalité – parce qu'il y a toujours un chiffre noir que nous ne connaissons pas.

Pas moins de 645 ressortissants français ou résidents en France sont présents dans la zone syro-irakienne. Parmi eux, nous comptons 245 femmes, qui ne participent pas aux combats, et 20 mineurs qui, au contraire, s'y livrent. Ils sont donc moins de 400 à participer à des opérations militaires.Par ailleurs, 201 individus sont en transit, soit à destination de la Syrie, soit de retour de Syrie pour la France. Nous recensons 173 Français présumés morts – chiffre sans doute inférieur à la réalité, mais il est très difficile d'obtenir des indications précises du fait des bombardements. Deux cent quarante-quatre personnes sont revenues de la zone syro-irakienne en France. Enfin, 818 personnes manifestent l'intention de se rendre sur place.

Nous n'en constatons pas moins une stagnation des départs : il est plus compliqué de se rendre dans la zone concernée et l'on compte beaucoup moins de volontaires car les bombardements ont un effet dissuasif. On assiste à l'inverse à davantage d'intentions de retour sur notre sol mais qui sont entravées par la politique de Daech qui, dès lors qu'ils souhaitent quitter la Syrie, considère les intéressés comme des traîtres à exécuter immédiatement.

Je souhaite maintenant vous faire part d'une réalité totalement inconnue ou en tout cas jamais soulignée: nous recensons quelque 400 enfants mineurs dans la zone considérée. Les deux tiers sont partis avec leurs parents, le tiers restant étant composé d'enfants nés sur place et qui ont donc moins de quatre ans. Je vous laisse imaginer les problèmes de légalité que posera leur retour avec leurs parents, s'ils reviennent, sans compter les réels problèmes de sécurité car ces enfants sont entraînés, instrumentalisés par Daech: une vidéo est sortie récemment, en français, qui les met en scène en tenue militaire.

Ces enfants sont ainsi conditionnés; il faut savoir également qu'ils s'entraînent aux armes à feu. Nous disposons de vidéos montrant des enfants qui exécutent des prisonniers; ainsi, sur l'une, on voit un Français de onze ou douze ans – sans manifester aucune émotion – tirer une balle dans la tête d'un individu que Daech suppose être un agent des services israéliens. Il va donc falloir, j'insiste, s'occuper de ces enfants quand ils reviendront.

Pour ce qui est de l'aspect judiciaire, pour la seule DGSI, nous recensons 261 dossiers concernant plus de 1000 individus. Nous avons procédé à plus de 350 interpellations. Au moment où je vous parle sept personnes sont gardées à vue. Chaque semaine nous interpellons des gens. Plus de 220 sont mises en examen, plus de 170 ont été écrouées et plus de 50 placées sous contrôle judiciaire. Enfin, depuis août 2013, mon service a bloqué 15 projets terroristes en France.

Nous ne prenons souvent en considération que les Français ou les personnes résidant en France. Or nous sommes désormais obligés de réfléchir dans le cadre plus large de la francophonie. En effet, de nombreux Nord-Africains se trouvent dans les zones considérées: beaucoup de Tunisiens, un peu moins de Marocains et d'Algériens. Ils ont la capacité de venir très facilement sur notre territoire et la plupart sont francophones – on l'a vu avec les Belges qui ont opéré en France.

Ils ont aujourd'hui un intérêt particulier à s'installer en Libye. Sachez qu'il y a quelques semaines, pour la première fois, nous avons interpellé trois individus qui partaient pour la Libye, ce qui signifie que des filières pourraient se mettre en place puisque pour cela il suffit qu'une personne s'y rende et fasse ensuite appel à ses amis. Actuellement, quelques Français se trouvent dans la zone libyenne. Un mouvement s'amorce, et il faudra compter avec ceux qui quitteront la Syrie pour la Libye plutôt que pour l'Europe.

Je me suis livré devant vous à l'autopsie des attaques du 13 novembre dernier pour vous montrer que, pour anticiper, nous devons absolument bénéficier de renseignements en amont. En outre, il convient de mentionner l'échelon européen: on a beaucoup parlé du système d'information Schengen (SIS), évoqué les frontières qui n'étaient pas contrôlées, les filières migratoires…

bref, on s'aperçoit que l'Europe marche sur un pied et que tout le monde ne fonctionne pas de la même façon, indépendamment des coopérations qui existent bel et bien – je m'inscris d'ailleurs en faux contre de nombreuses allégations : la coopération est en effet totale entre les services de sécurité et les services de renseignement et les informations circulent entre eux de façon très fluide malgré, j'insiste, des systèmes législatifs complètement différents.

Le SIS est un fichier de signalisation dans lequel la DGSI a inscrit quelque 9000 noms alors que certains de nos partenaires ne l'enrichissent pas faute de pouvoir le faire pour la plupart.

Je prendrai un exemple très révélateur. L'individu qui voulait s'en prendre aux passagers du Thalys, vivait à Algésiras. Nous recevons un jour, de nos amis espagnols, l'information selon laquelle l'intéressé, qui tient des propos particulièrement virulents sans toutefois présenter, à l'époque, de dangerosité avérée, va s'installer en France. Nous effectuons des recherches et ne retrouvons pas sa trace. Il devait théoriquement être employé par la société Lycamobile mais, ne possédant pas les documents qui lui auraient permis d'y occuper un poste, il n'y est resté que quelques semaines.

Nous créons une fiche S – je rappelle qu'une fiche S est un moyen d'enquête, ni plus ni moins qu'un indicateur parmi d'autres pour se faire une idée du potentiel et de la personnalité d'un individu que nous souhaitons surveiller; aussi quand on évoque les fiches S1, S2, S3, S4… on ne renvoie qu'à des conduites à adopter et non à des degrés de dangerosité. Un an plus tard, nos collègues allemands nous signalent que l'individu en question vient d'être contrôlé à l'aéroport de Berlin, sur le point d'embarquer pour Istanbul – fait qui donne une coloration différente à la personnalité de l'intéressé.

Nous informons les Espagnols qu'il se trouve en Allemagne et se rend en Turquie. Ils nous répondent qu'ils sont au courant mais que, depuis, il s'est installé en Belgique. Comme le font les Espagnols, nous informons donc les Belges. Nous perdons dès lors sa trace puisque nous n'avons plus aucune raison de nous en occuper: il ne se trouve pas sur le sol français. C'est depuis Bruxelles qu'il montera dans le Thalys et qu'il tentera de tuer le maximum de personnes au cours de l'action que vous savez. Une polémique s'ensuivra aux termes de laquelle on fera valoir que le service intérieur français connaissait l'intéressé et le surveillait.

Pour ce qui concerne les coopérations, je commencerai par l'échelon national qui recouvre tous les services de la communauté du renseignement. J'ai l'habitude de décrire le renseignement comme une chaîne où chaque maillon, en complémentarité et en coordination avec les autres, accomplit sa mission. Il n'y a donc pas, pour nous, de services nobles et de services qui ne le seraient pas, mais seulement des services spécialisés disposant de moyens que n'ont pas nécessairement les autres. Nous entretenons une relation très étroite avec la direction générale de la sécurité extérieure (DGSE), avec laquelle nous coopérons au quotidien. Nous avons atteint un niveau de coopération jamais égalé.

Sur le plan international la coopération est très forte. Nous nous reposons bien sûr sur les grands services et force est de constater que les plus gros pourvoyeurs de renseignement sont les services américains. Mais nous coopérons également avec les services russes. Quelque 7 à 8% des individus concernés par les filières syro-irakiennes étant des Tchétchènes, il est bien évident que nous travaillons avec le Service fédéral de sécurité de la Fédération de Russie (FSB) et que nous cherchons avec lui tous les moyens d'identifier les individus en question, de connaître les actions qu'ils ont l'intention de commettre, et les réseaux auxquels ils sont susceptibles d'appartenir.

Reste que nous nous heurtons à un problème bien connu et qui va grandissant: celui du chiffrement. Sans trahir le secret de l'instruction, à travers les investigations opérées à la suite des attentats de Bruxelles, nous nous sommes rendu compte que nous avions affaire à des structures très organisées, très hiérarchisées, militarisées, composées d'individus communiquant avec leur centre de commandement, demandant des instructions sur les actions à mener et, le cas échéant, des conseils techniques.

Cette communication est, je le répète, permanente et aucune interception n'a été réalisée; or même une interception n'aurait pas permis de mettre au jour les projets envisagés puisque les communications étaient chiffrées sans que personne soit capable de casser le chiffrement. Je rappellerai pour mémoire le conflit ayant opposé Apple et le Federal Bureau of Investigation (FBI); quand on connaît la puissance de ce dernier, on voit bien que nous sommes confrontés à un problème majeur qui dépasse largement le cadre des frontières nationales.

J'entends par ailleurs démythifier tout ce qu'on dit en permanence sur le renseignement technique et le renseignement humain, car cette distinction ne signifie rien. Voilà trente-neuf ans que j'exerce ce métier: il y a le renseignement et ensuite les méthodes par lesquelles on peut l'obtenir, l'essentiel étant de l'obtenir. On ne peut toutefois faire abstraction de l'évolution du secteur numérique. Nous sommes bien obligés d'en tenir compte d'autant qu'en face de nous les gens sont très professionnels.

Pour finir avec Daech, nous aurons à nous occuper des vétérans. Nul doute que nous gagnerons le conflit, du moins avec l'organisation telle qu'elle existe –mais le problème – parce que politique – ne sera pas réglé pour autant. Pour assurer notre sécurité, nous devrons nous occuper des vétérans. Nous avons connu le phénomène des vétérans d'Afghanistan qui a donné le GIA en Algérie et les attentats de 1995 en France. Il ne faudra pas perdre de vue que parmi les futurs vétérans il y aura des terroristes très aguerris mais aussi des gens relevant d'ores et déjà de la psychiatrie et dont nous ne savons pas ce qu'ils vont devenir.

La deuxième organisation qui nous menace est Al-Qaïda. AQMI se manifeste surtout au Sahel et ailleurs en Afrique mais, à l'exemple du GIA en 1995, n'exclut pas un jour d'exporter la violence. Là aussi, les facilités de communication et de voyage entre l'Afrique du Nord et la France poseront des problèmes. AQPA, de son côté, a revendiqué l'action des frères Kouachi même si le lien paraît tout de même très lointain puisque l'un d'eux s'était entraîné au Yémen en 2011.

Al-Qaïda a besoin de redorer son blason. Cette organisation a pratiquement disparu de la scène islamiste et voudra, à un moment ou à un autre, tenter une action d'envergure à même de lui redonner une importance telle qu'elle puisse recruter à nouveau. Reste que de nombreux Français se trouvent au sein du Jabhat al-Nosra (Front al-Nosra). Il est difficile de savoir combien ils sont exactement et à quelle organisation ils appartiennent mais il faudra là aussi que nous nous occupions d'eux à leur retour.

Certains groupes, au sein d'Al-Qaïda, sont préparés pour des actions extérieures, planifiées à long terme et qui se veulent d'une telle ampleur qu'elles ne peuvent pas se réaliser de façon très rapide.

Outre les organisations, nous avons une autre source d'inquiétude: des appels sont lancés depuis la Syrie par des gens à certains de leurs amis qui se trouvent sur notre territoire afin qu'ils y commettent des actions. Nombre des réseaux que nous avons démantelés appartiennent à cette catégorie-là. Nous sommes également confrontés à la présence d'islamistes, sur notre territoire, et qui ne sont liés à aucune organisation.

Je rappelle également que la revue en anglais d'AQPA, Inspire, enjoignait à ses partisans de ne pas se rendre sur place mais de frapper depuis l'endroit où ils se trouvaient en utilisant tous les moyens à leur disposition.

Les velléitaires constituent notre troisième source d'inquiétude, à savoir ceux qui auraient bien aimé partir pour la Syrie et qui, pour diverses raisons, n'ont pu le faire. Dans ce cas, nous sommes confrontés à la propagande massive de Daech et à la capacité de bloquer les messages sur internet. Je classerai dans cette catégorie des gens contre lesquels il est très difficile d'agir: tous ceux qui relèvent de la psychiatrie, des instables psychologiques. Pour finir, la question relative à la menace n'est pas de savoir «si», mais «quand» et «où».

Profond mal-être

Il faut tâcher de comprendre à qui nous avons affaire. Nous constatons chez la plupart de ceux que nous arrêtons un profond mal-être; or la seule idéologie qui leur donne une raison d'exister en ce bas monde est l'extrémisme religieux. Je passe sur le désir d'aventure, de violence, de vivre dans un autre monde. Reste qu'ils détestent notre société: «Nous aimons la mort comme vous aimez la vie.» C'est très frappant.

Je l'ai dit en d'autres lieux: je ne m'explique pas comment une fille de quinze ans quitte la France pour se rendre en Syrie vivre dans des conditions abominables; je ne m'explique pas comment un gamin que rien n'y prédispose, va poignarder un enseignant juif au seul motif, je le répète, de détester cette société. Aussi, si l'on se limite à une réponse sécuritaire, on se trompe.

Or une opération terroriste ne coûte quasiment rien: louer une voiture, un appartement, acheter des armes, vivre au quotidien… Nous avions saisi la comptabilité de la campagne terroriste de 1995: elle a coûté au total 150000 francs – depuis l'assassinat de l'imam Sahraoui jusqu'au démantèlement du réseau. Beaucoup sont issus du milieu de la délinquance donc ils ont les contacts nécessaires et savent commettre des vols, au besoin, pour se financer.

Banlieues

Il y a trente ans ou plus, on a fermé les yeux sur les premiers incidents survenus dans les banlieues. Cela a abouti à ce que les zones concernées soient dirigées par de petits caïds – il s'agissait de délinquance et elle n'affectait pas le consensus social. Aujourd'hui nous nous trouvons dans une situation de «conscientisation» d'une partie d'entre eux. Comment expliquer qu'un voyou qui, toute sa vie, n'a eu pour idée que de voler son voisin pour pouvoir jouir de l'existence, va tout à coup basculer dans un extrémisme morbide puisqu'il va l'amener au sacrifice de sa vie.

C'est pourquoi j'estime que si l'on ne raisonne qu'en termes de sécurité, on va dans le mur. La sécurité est en effet une sorte de

SAMU: or un SAMU a pour mission de vous conduire vivant à l'hôpital mais pas de vous soigner.

Pour être franc avec vous: je crains cent fois plus la radicalisation que le terrorisme. Avec le terrorisme, nous prendrons des coups mais nous saurons faire face – nous avons connu des événements très graves tout au long de l'histoire; mais cette radicalisation rampante qui va bouleverser les équilibres profonds de la société est à mes yeux beaucoup plus grave.

Les terroristes sont issus du milieu du banditisme. Cette porosité entre terrorisme et banditisme ne concerne pas la finalité, les objectifs, mais traduit le fait que des individus ont grandi ensemble dans les mêmes quartiers, ont parfois été incarcérés ensemble, et ont de ce fait développé une certaine forme de complicité.

Sans prévention nous n'y arriverons pas. Cependant, les individus en question sont largement inaccessibles au discours. Les gamins se «shootent» aux vidéos de Daech. J'aurais pu, pour cette audition, apporter et projeter une de ces vidéos, par exemple «Tends ta main pour l'allégeance». Leur capacité d'attraction est extraordinaire. Face à cela, nous disons à ces gamins d'aller à la mosquée, alors qu'ils ne comprennent pas tout ce qu'ils y entendent, ne connaissant souvent rien à l'islam et au Coran. Le décalage est très grand. Il faut trouver des gens qui soient crédibles auprès d'eux. C'est difficile avec les repentis car, pour eux, un repenti est un traître.

Pour ce qui est de la DGSI, sa création a répondu à l'impérieuse nécessité de disposer en France d'un véritable service de sécurité intérieure, pendant naturel de la DGSE à l'extérieur, à l'image de ce qui existe chez nos principaux partenaires étrangers avec lesquels nous coopérons. De fait, il convenait que ce nouveau service puisse se voir assigner des missions très précises – pour éviter de nous heurter à certains écueils comme par le passé –, au service des intérêts fondamentaux de notre pays, avec des pouvoirs précisément décrits et contrôlés, le vote de la loi relative au renseignement en ayant constitué l'aboutissement.

Parmi les missions cardinales de la DGSI, la lutte contre le terrorisme occupe, bien sûr, une place prépondérante, mais on ne saurait méconnaître les autres formes de menaces qui visent la France et ses intérêts, comme l'espionnage – mal endémique, insensible, mais ô combien dévastateur dans un monde où les grandes puissances se livrent à une lutte acharnée pour préserver leur leadership sur les plans politique, économique, militaire, industriel.

Découlent de cette mission non seulement la protection de nos intérêts économiques dans un univers particulièrement concurrentiel, mais aussi la lutte contre les proliférations ou encore la cyberdéfense, les cyber-attaques représentant un nouveau péril qui ne cesse de prendre de l'ampleur; bref, tout ce dont l'État a besoin pour protéger les intérêts fondamentaux de la nation.

Pour ce qui concerne ses moyens, la DGSI compte aujourd'hui plus de 3000 agents, dont 73% de fonctionnaires actifs de la police nationale, 16% de fonctionnaires administratifs et 10% de contractuels.

Ces chiffres tiennent compte des recrutements déjà réalisés depuis la mise en œuvre des trois plans de recrutement décidés par le Gouvernement, sachant qu'à terme, en 2018, avec l'achèvement de ces plans, l'effectif total de la DGSI sera de plus de 4000 agents, à raison de 68% de fonctionnaires actifs de la police nationale, 14% de fonctionnaires administratifs et 17% de contractuels.

Autrement dit, la croissance en effectifs, sur une période de cinq ans, sera de près de 40%. Aussi, je vous laisse imaginer les difficultés auxquelles nous sommes confrontés en matière de recrutement, de formation, de professionnalisation et de fidélisation.

Cela suppose également une définition précise, dans le cadre d'un plan stratégique de montée en puissance, de nos besoins, une mise en place de parcours de carrière; en quelques mots, cela implique une gestion très fine de nos moyens humains, sans compter le défi majeur qui consiste à faire travailler ensemble des personnels venus d'horizons divers et pour certains à forte culture *professionnelle.*

Les defis

Le premier est technique: on ne peut désormais faire abstraction de l'avènement du numérique et de ses conséquences profondes sur nos modes d'enquête; nous avons donc recruté et continuons de recruter des ingénieurs et des techniciens; j'y reviendrai en évoquant la lutte contre le terrorisme.

Le défi analytique, ensuite: la complexité des problèmes et menaces traités nous impose de recourir à des personnels non issus de la police nationale mais spécialisés dans l'économie, la finance, voire dans d'autres domaines plus opérationnels, tels que des psychologues ou des linguistes.

Le dernier défi est juridique: la loi relative au renseignement, outil indispensable à notre action et qui la légitime, nous a amenés à former plus de 2500fonctionnaires à sa mise en œuvre.

Dernier point: nous avons une couverture nationale et sommes présents dans soixante-dix-neuf départements ainsi qu'en outre-mer. Nous disposons enfin de représentations à l'étranger où nos officiers ont pour seule mission d'assurer la coopération avec les services de renseignement et de sécurité locaux.

Plus de deux tiers de nos capacités sont consacrées à la lutte contre le terrorisme. À cet effet, sont mobilisés: la sous-direction parisienne spécialisée en la matière, l'ensemble des fonctionnaires de nos implantations territoriales, nos capacités de surveillance physique et technique, sans oublier notre sous-direction judiciaire et ses antennes provinciales.

Laurent Nunez

Ce préfet de 53 ans vient de prendre la tête de la DGSI, la Direction générale de la sécurité intérieure, en charge de la lutte antiterroriste. En arrivant dans son nouveau bureau sous haute protection de Levallois, il a accroché trois cadres. Le premier aligne les quatre médailles de son grand-père maternel, Joseph, revenu du front de 14 et de Verdun. Le second est une lettre encadrée, celle annonçant la mort d'un de ses oncles, dans les Vosges, à l'été 44. Les deux tableaux voisinent avec une affiche de corrida témoigne qui, elle aussi, de son passé familial.

Une source à l'intérieur le décrit comme *"fin connaisseur des questions de sécurité et de radicalisation, très proche des policiers et des gendarmes qu'il côtoie depuis maintenant près de dix ans et dont il est un interlocuteur reconnu et apprécié"*.

Cet ancien inspecteur des impôts, passé par l'ENA dans la promotion «Cyrano de Bergerac» (1999), a également occupé les fonctions de directeur de cabinet du préfet de police de Paris. Une carrière qui devait naturellement le mener à la tête de la Direction générale de police nationale (DGPN) - où son nom circulait avec insistance récemment.

C'est donc avec une certaine surprise que les cercles policiers ont accueilli la nouvelle de son arrivée à la tête du service secret intérieur, chargé du contre-espionnage, du contre-terrorisme et de la protection des intérêts économiques. Particulièrement éprouvée par la répétition des attentats sur le territoire national, la DGSI est à la croisée des chemins, entre intégration rapide de nouvelles recrues et modernisation technologique

Après l'élection d'Emmanuel Macron, lui qui assure "ne pas être marqué politiquement", est d'abord pressenti pour diriger la police nationale. Puis un jour de mai, Gérard Collomb, l'appelle, mais lui propose la DGSI. Il va donc devoir faire équipe avec Bernard Emié, directeur de la DGSE, et Pierre de Bousquet de Florian, qui pilote depuis l'Elysée le Centre national de contre-terrorisme.

Task Force

Cette structure, dont la création a été annoncée par l'Elysée, est placée au sein de la Coordination nationale du renseignement (CNR), structure déjà existante qui sera elle aussi dirigée par Pierre Bousquet de Florian, ex-numéro 1 de la DST.

Le nouveau Centre National du Contre-Terrorisme (CNCT), au départ une équipe d'une vingtaine de personnes, surtout d'analystes, sera chargé du "*pilotage stratégique des services de renseignement*" pour notamment s'assurer de leur bonne coordination, mais "*en aucun cas de leur direction opérationnelle*", précise l'Elysée.

Il devra aussi "*proposer au président des plans d'action concertés sur l'action des services de renseignement*" et "*rendra compte chaque semaine au conseil de défense, où s'élabore la stratégie de lutte contre le terrorisme*".

En réalité, le nouveau chef de l'Etat a décidé de créer un "homeland security" à la française, à partir de la structure de la coordination nationale du renseignement. Ce CNR, créé en 2008 par Nicolas Sarkozy, était jusqu'à présent resté embryonnaire, chaque service de renseignement faisant valoir son accès direct au président ou à un ministre et ne souhaitant pas se voir "coiffé" par un haut fonctionnaire. Bernard Bajolet, qui vient de quitter la DGSE, avait été le premier d'une longue série de coordinateurs dont le rôle principal était de ne pas faire parler d'eux.

Culture de securité

Eric Delbeque, Directeur du département intelligence stratégique de SIFARIS et Président de l'ACSE ecrit dans son blog de Huffpost:

"*Lutter contre le terrorisme n'est pas seulement une affaire de services de renseignement et de spécialistes. C'est une affaire qui concerne toute la nation. Le terrorisme est le fruit de la criminalité et de la géopolitique, qui se nourrit de la faiblesse de certains de nos compatriotes. Pour lutter contre la radicalisation et le passage à l'acte meurtrier, il faut remonter le fil de nos abandons et des occasions manquées. Abandon de nombreux quartiers aux barbus de tous poils et aux trafiquants de stupéfiants, abandon de toute police de proximité, abandon de l'école, abandon des administrations. Et à présent abandon des campagnes, qui deviennent à leur tour des territoires en proie aux errements, donc à tous les dangers.*

Le défi le plus important à relever reste cependant celui de la formation. On ne combat efficacement que ce que l'on connaît bien. Or la France, au contraire des anglo-saxons, n'a jamais voulu rapprocher le monde de l'université et celui du renseignement, autrement que pour s'arroger un peu de "jus de cerveau" au profit des analystes en manque d'inspiration. Il faut aujourd'hui comprendre que la formation des agents de renseignement, comme celles des analystes, doit s'ouvrir à d'autres horizons que la transmission des savoirs par le simple compagnonnage entre anciens et nouveaux. Les universités américaines travaillent sur les biais cognitifs, sur les méthodes d'analyse, sur la sociologie des services autant que sur la crypto-analyse. L'équivalent n'existe pas en France.

La formation, c'est aussi celle des primo intervenants: policiers nationaux ou municipaux ne possèdent pas de trousse de premier secours leur permettant de pratiquer un garrot ou un pansement compressif pour un blessé par balle sur la voie publique. Les vigiles de nos grands magasins sont ils capables de gérer un mouvement de foule pour permettre une évacuation ou la mise à l'abri de personnes confrontées à une attaque? Les architectes intègrent ils dans leurs plans le danger balistique ou le souffle des explosifs? Les collectivités locales et les élus réfléchissent ils a une meilleure intégration du danger dans la conception des événements locaux?

«La France était la seule nation occidentale qui ne disposait pas d'une structure de ce type rattachée à l'exécutif», souligne Philippe Hayez, ancien directeur adjoint du renseignement à la DGSE et chargé de cours à Sciences Po, qui note un mimétisme évident avec le *National Counterterrorism Center* américain, une agence qui chapeaute la lutte contre le terrorisme auprès du gouvernement.

«*Lorsque Macron a annoncé une "task force", je craignais un effet de communication et la mise en place d'une structure pléthorique qui s'inviterait dans le rôle opérationnel des services*», remarque de son côté le député européen LR Arnaud Danjean. Cet autre ancien de la DGSE et spécialiste des questions de défense se dit rassuré : «*Une structure de taille modeste, concentrée sur la coordination et l'analyse, me paraît pertinente. Cela permet de combler le manque d'analyse globale : aujourd'hui, quand le chef de l'Etat demande quel est l'état de la menace, il obtient autant de réponses que de services car ceux-ci ont le nez dans le guidon.* »

Louis Caprioli, ancien responsable de la lutte antiterroriste à la DST, pense que « *ça ne va pas changer grand-chose* ». Selon lui, il y a déjà « *six organismes au sein du ministère de l'Intérieur qui s'occupent à la fois de la collecte de renseignement et de son exploitation. Je crois qu'il y en a déjà trop, c'est un luxe inutile, c'est une feuille qui va être rajoutée au mille-feuille* ».

Gérard Collomb, ministre de l'Intérieur, explique que Macron veut plus de centralisation dans les renseignements, mais il dit que « *c'est chaque ministre [qui] est responsable et ce n'est pas [lui qui va] être le commandant suprême, c'est [aux ministres] d'organiser, de pouvoir agir sur le terrain* ».